AF267759

EXAMEN DE CONSCIENCE

DES

FEMMES HONNÊTES

DE FRANCE

NOUVELLE ÉDITION

PARIS

E. DENTU, LIBRAIRE - ÉDITEUR

PALAIS-ROYAL, 17-19, GALERIE D'ORLÉANS

1872

EXAMEN DE CONSCIENCE

DES

FEMMES HONNÊTES

DE FRANCE

57
T. b
3132

PARIS

IMPRIMERIE BALITOUT, QUESTROY ET Ce

7, rue Baillif et rue de Valois, 18.

EXAMEN DE CONSCIENCE

DES

FEMMES HONNÊTES

DE FRANCE

NOUVELLE ÉDITION

PARIS

E. DENTU, LIBRAIRE - ÉDITEUR

PALAIS-ROYAL, 17-19, GALERIE D'ORLÉANS

1872

Tous droits réservés.

BIBLIOTHÈQUE NATIONALE — R. F.

EXAMEN DE CONSCIENCE

DES

FEMMES HONNÊTES

DE FRANCE

> Heaven doth with, us as we with torches do;
> not light them far them selves; for if our virtues
> did not go forth of us, twere all alike as if we
> had them net.
>
> Les cieux nous emploient comme
> nous employons les torches : nous
> ne les allumons pas pour elles-
> mêmes; car si nos vertus ne sor-
> tent pas de nous, c'est absolu-
> ment comme si nous n'en avions
> pas.
>
> SHAKSPEARE. (*Mesure pour mesure.*)

Sans aucun doute, sœur Française, après lecture de nos bulletins de défaites, après compte-rendu des actes de la Commune, vous avez laissé tomber le journal qui vous donnait ces faits, et douloureusement, vous avez dit. Où sommes-nous? que devenons-nous? vers quels abîmes inconnus le torrent nous entraîne-t-il?

Puis vous avez appuyé votre front, réfléchissant, et l'imagination, aidée du souvenir, vous a ramenée près de ce malade aimé, ou simplement connu, que vous avez vu languir, souffrir, enfin mourir.

Vous vous êtes rappelée ses boutades, ses caprices, ses fureurs suivies de prostrations, ses alternatives de rage et de faiblesse, l'incohérence des paroles, l'inconstance des désirs, la passion pour le nouveau remède rapidement remplacée par le dégoût, et dans cette triste vision vous avez retrouvé les symptômes morbides qui signalent l'état du pays. Alors, vous levant avec désespoir, vous vous êtes écriée : Mais la France donc aussi se meurt !

Après ce cri d'angoisse, l'interrogation :

N'avons-nous en rien contribué à cette chute ?

Ne pouvions-nous rien faire pour la prévenir ?

Et de nouveau, vous vous êtes assise pensive, vous avez médité, et vous avez trouvé ce que je vais écrire.

Je ne viens pas vous apporter l'inconnu, je n'ai rien dans l'esprit qui ne soit dans le vôtre, je ne suis pas une supériorité, pas une exception, j'ai eu seulement un peu plus de temps ou de courage que vous n'en avez eu. J'ai voulu conserver votre pensée, *notre* pensée. J'ai cru utile de donner une forme à cet exàmen de conscience fait par toutes,

Tant qu'une idée n'est pas formulée, elle tend à s'évaporer. L'inspiration profite à peine à qui la reçoit, si elle n'est précisée par l'écriture.

Aucune inspiration pouvant amener un acte utile ne doit être perdue.

Il est utile que toutes sachent que les mêmes doutes, les craintes semblables se sont manifestées dans le même temps. La résolution qui suivra cet examen en sera plus énergique et plus générale.

J'écris donc sous la dictée de celles que je n'entends pas, mais que je comprends et devine. Je suis absolument seule, isolée de tout centre. Cette divination est entièrement spirituelle, mais je suis certaine qu'elle ne me trompe pas.

N'importe qui je suis, je ne suis pas même une âme voilée qui se pose près de la vôtre en la nommant ma sœur ; je suis le reflet de votre pensée, l'écho de votre parole, je suis *vous*.

Avec profonde sincérité, nous nous interrogerons, nous répondrons, afin que cet examen soit un gage de grande humilité et surtout de bonne volonté.

Donc, employant la vieille formule *la main sur la conscience :*

Sommes-nous pour quelque chose dans la déca-

dence de la France, nous, les femmes qui voulons
le bien, qui croyons pouvoir porter haut le titre de
femmes honnêtes ?

Loyalement, courageusement, nous répondrons
oui !

Oui, nous avons beaucoup contribué à la décadence de la France, en admettant même que nous
ne l'ayons pas causée !

Cela est dur à dire, et beaucoup hésitent.

Vous comptez vos souffrances, vous retracez
toutes vos luttes en un instant. Tant de sacrifices
pas compris, tant de douleurs non consolées vous
apparaissent.

Ah ! nous connaissons cette suite d'ineffables
douleurs qu'on appelle la vie d'une femme heu-
reuse ; nous savons avec quel courage est suppor-
tée l'épreuve, si longtemps, toujours renouvelée ;
nous n'ignorons rien de ces bonnes œuvres qui
marquent vos pas ; et pourtant, mon amie, ma
sœur, disons-le, car telle est la vérité :

Nous avons fait le mal dont la France se meurt.

Nous l'avons fait, non pas seulement par notre
frivolité, mais par notre vénalité, notre égoïsme,
notre ignorance, notre absence de principes, notre
esprit de mensonge. Et n'oubliez-pas que je ne
m'adresse qu'aux meilleures, qu'à celles qui croient

à la parole du Christ et qui se persuadent qu'elles suivent sa loi.

Mais celles-là même ont beaucoup fait pour perdre leur pays.

Elles ont abaissé le niveau social qui leur était confié.

Cette mission nous avait été donnée par Dieu, mais non pas en raison d'une supériorité ni même d'une égalité qui n'entrent pas dans le plan divin.

Ève n'était pas supérieure à Adam, elle avait été tirée de lui, faite pour lui. Pourtant Ève, la première femme, a commencé l'œuvre de décadence que nous perpétuons.

Toute l'histoire de cet être double, homme et femme, est dans ces quelques lignes de la *Genèse*. Les caractères, les situations sont toujours les mêmes. Il est paresseux, mou, faible; elle est ardente, curieuse. Il dort; elle parle. Avide d'inconnu elle se laisse séduire par l'éloquence. Puis, par terreur et par amour, elle ne veut pas demeurer seule dans sa faute, peut-être aussi par orgueil; elle l'associe au péché.

Lui est lâche; pour se défendre il l'accuse.

« La femme me l'a donnée à manger. »

Il dormait, quand elle pouvait être tentée. l'abandonnait à la séduction, sa femme, sa cette créature jeune, faible.

Et pourtant Dieu la lui avait confiée pour l'aimer et la défendre.

Ah! ce rôle d'Adam est triste, et il s'est perpétué!

L'Adam français s'est endormi au club, au cabaret. Il a abdiqué son rang en oubliant son rôle. Il ne s'est plus soucié d'être roi dans la famille.

Il n'a plus été époux qu'à ses heures et père qu'à ses jours. Les devoirs de la paternité lui ayant paru lourds, il s'en est déchargé sur la femme, sur le professeur payé. En échange de la fortune que lui apportait la jeune fille qu'il a épousée, il lui a donné un nom qui l'émancipe, des enfants qui l'intéressent.

Enfin, il se juge grand et généreux quand il lui dit : Chère amie, dirigez votre vie, choisissez vos amis, élevez vos enfants; vous ferez ces choses beaucoup mieux que moi. Vous êtes sans passions, vous recevez mes caresses avec une froideur de glace. Votre religion vous défend des fautes qui ne sont pour nous que des peccadilles. La famille vous est confiée, conduisez-la à bon port. Moi je dors, ou je me grise, ou je m'abrutis, c'est tout un.

Pendant son sommeil, ou son absence, le démon revient; la femme a connu l'Évangile, il est repoussé... souvent. Il était séduction, il se fait péril, tempêtes, — personne au gouvernail. Elle s'en empare; ainsi elle devient chef. L'ordre est interverti, et cette interversion, ce désordre amènent une dissolution dans la famille, qui va produire la désolation dans la société et la mort dans la nation.

Il fallait lutter avec énergie contre l'état anormal que l'inertie de l'homme prétendait nous faire, ne pas se laisser perdre par des flatteries intéressées.

La supériorité de la femme n'existant pas, vouloir lui infliger un rôle qu'elle ne peut soutenir est à la fois folie et cruauté. Il faut nous révolter, exiger notre place, qui n'est pas la première, mais qui est grande.

Sans chercher des arguments dans l'Écriture, dans la philosophie, dans l'histoire, dans la pathologie, etc., sans démontrer que jamais femme ne fit œuvre de longue haleine, qu'elle perçoit mais n'exécute pas; que son intelligence est une flamme plus qu'une force, bornons-nous à dire que jamais femme n'éprouva d'amour que pour un homme qu'elle crut supérieur.

Elle peut avoir de l'intérêt, de la compassion; en dehors de ces conditions, de l'amour — jamais!

Or l'amour est une vérité, et l'amour seul doit perpétuer l'œuvre de Dieu.

Quand une femme accepte de devenir compagne d'un homme sans éprouver le prestige qui la rend son esclave, ou sans être dominée par un respect qui lui révèle un maître, elle agit contre son cœur, elle désobéit à la voix de Dieu.

Une honnête femme ne peut accepter d'alliance qu'avec un homme qu'elle aime. Le sentiment de la supériorité de l'homme étant nécessaire à l'amour, il faut qu'il se retrouve ou que le monde finisse.

Ne supportons plus la honte de cette prétendue supériorité qu'on veut nous imposer. Nous pouvons accepter avec joie, avec orgueil, d'être la *possession* de l'homme que nous aimons ; nous ne pouvons appartenir de fait à celui qui ne domine pas notre cœur et notre esprit. Dieu nous commande d'être soumises, — on est toujours soumis quand on aime ; mais il lui a ordonné, à *lui,* de nous aimer, sachant que du moment où nous recevrons cet amour viril et fort qui nous attire et nous attache, nous serons subjuguées, et qu'en aimant, nous obéirons.

Cet amour qui renferme la protection et le respect, — mélange de tendresse, d'admiration et de compassion, — qu'on nous le rende !

Alors nous serons des femmes, et nous voulons être des femmes, mais avec l'horreur des hommes qui ne savent pas être des hommes.

O jeune fille ! reviens à comprendre l'amour, à le vouloir, à le chercher. Rêve un brave et beau jeune homme, ayant une large poitrine pour appuyer ta tête, un bras vigoureux pour t'enlacer et te serrer sur un cœur plein de vie. Qu'il regarde son Dieu et croie à son âme. N'attends rien de plus. Quand deux êtres jeunes s'uniront pour marcher dans l'austère voie du devoir appuyés l'un sur l'autre, Dieu leur sourira.

Ne crains pas les privations, jeune fille élevée à souhaiter le luxe, mais exige de celui à qui tu donnes tes vingt ans la beauté de l'âme et la santé du corps; ne les immole plus à ce vieillard de fait ou d'années. Laisse chanter dans ta mémoire l'harmonieuse phrase de *Mireille* répondant à ses compagnes. La musique, seule langue qui puisse traduire les sentiments, exprime ce qu'il y a de sublime dans l'âme d'une vierge, alors que doucement, mais avec autant de force que de simplicité, elle affirme « qu'elle sera la femme » de celui qui l'aime et travaille pour l'obtenir.

Jeune fille, quand tu auras trouvé ce courageux jeune homme, consacre-lui ta vie, soutiens-le contre la tentation, et fais-lui douce la tâche rude; donne-lui des fils bons, simples, forts comme vous. Mais si tu ne le trouves pas, pleure ta virginité, puis offre ta douleur au Ciel, deviens ou plutôt reste la sœur de tous ceux qui souffrent, la mère de tous ceux qui n'en ont pas; mais renonce à perpétuer dans des liens méprisés la race des

femmes qui se vendent et des hommes qui trafi-
quent de leur nom.

Oui, périsse une nation qui ne sait pas s'éterni-
ser par l'amour ; où les corps naissent viciés et les
âmes sans chaleur !

Ta sœur-aînée, jeune fille, comment a-t-elle
rempli son devoir vis-à-vis sa patrie ?

Elle s'est laissé marier à un homme usé ou blasé.
Elle ne s'est pas demandée si elle l'aimait, et personne ne l'a interrogée ; pas même sa mère, qui
l'a jugée raisonnable parce qu'elle s'est montrée
indifférente.

La jeune femme a entendu un conseil, celui de
plaire à son mari, n'importe comment ; elle a donc
tout écouté de lui. Elle a accepté les honteuses
confidences, les récits à propos des courtisanes
auxquelles elle succédait sans toujours les remplacer. Le charme de son innocence fut promptement
flétri ; quel autre lui restait-il pour lutter?

Par l'habitude, le goût des turpitudes était venu ;
les histoires du mari étant épuisées, on s'est fait
la recéleuse morale des aventures des amis. On
s'est entretenu avec ses compagnes d'obscènes
anecdotes. Trop souvent de frais visages se sont
rapprochés, et « l'ange que le Ciel a commis à
leur garde » a pu rougir et même pleurer en en-

tendant murmurer par ces belles bouches les plus étranges, les plus honteux *racontars*.

La pudeur était envolée; le saint amour des âmes n'empêchait pas de rire de ce qui devait révolter la croyance et l'honnêteté.

La jeune femme, au lieu d'élever à elle, est descendue, descendue bien bas. Elle a laissé la familiarité indécente anéantir le respect qui devait l'entourer.

On lui a parlé comme à une fille perdue, à cette honnête jeune femme qui devait consacrer « sa beauté, son bien dire et son très doux, très doux regarder » (1) à faire comprendre la perfection.

C'était elle qui devait porter la bannière sur laquelle est écrit ce mot « *Excelsior* »; c'était elle qui devait enseigner ce chemin qui monte plus haut, toujours plus haut, à cette troupe d'admirateurs qui suit, les mains pleines de fleurs, la femme jeune et charmante.

Mais, hélas ! loin d'élever, loin de sauver, elle a perdu.

Perdu ce mari qui n'a pas cru à la pureté froissée, à la religion offensée de celle qu'il voyait si avide de contes grivois, si besogneuse de romans immoraux, si empressée aux pièces débraillées !

Elle a perdu ces amis dont elle aurait pu être le

____

(1) Thibauld de Champagne à Blanche de Castille.

conseil et le soutien, en acceptant le libertinage comme chose simple et bonne à rire ! Elle a perdu son peuple en appelant le doute sur l'efficacité de cette morale chrétienne qu'elle prétend pratiquer, et qui lui permet tant de choses amusantes et lui en défend si peu. Elle a détruit le respect de cette loi, car, haussant les épaules, la foule qui la voit, vêtue en courtisane, entrer vers le milieu du jour dans une église chaude et bien ornée, encore pâle d'une nuit au bal, se demande quel est ce Dieu, quels sont ces prêtres qui exigent si peu pour promettre le Ciel.

Elle éteint ou vulgarise autour d'elle. Elle déshonore son Dieu et tue son pays.

Elle est plus coupable que celles qui ne prétendent à rien, ni au Ciel, ni à l'estime. Applaudir au mal ou seulement en rire, c'est l'encourager en se croyant à l'abri de la honte ou des châtiments.

C'est ajouter la lâcheté à la faute.

C'est pour être entourée, pour avoir du monde chez elle, qu'elle trouve des sourires, des encouragements pour ces êtres imbéciles, hideux, dont la race semble faite de la vase épaisse des marais, pour ces hommes que la conscience publique, pas tout-à-fait éteinte, grâce à Dieu, a stigmatisés d'un nom flétrissant, et que Hugo a si bien peints :

Il n'avait pas vingt ans, il avait abusé
De tout ce qui peut être aimé, souillé, brisé.

. . . .

Il n'aimait pas les champs, sa mère l'ennuyait.

. . . .

Toujours son ironie inféconde et morose
Jappait sur les talons de quelque grande chose.

Et vous, dont le cœur avait été fait pour aimer la force, la vaillance et l'honneur, vous avez supporté ce champignon né de la pourriture des sociétés, le *crevé!*

Supporter cette espèce, l'admettre, c'était le propager. Et pourtant cette jeune femme avait un cœur, une mère, un Dieu !

Mais sa mère adorait plus encore Baal que Jésus-Christ, et l'avait élevée dans l'amour des richesse et la passion d'elle-même.

Cette mère coupable, qui ment en se disant chrétienne, qui s'abuse en se croyant honnête, n'a pas appris à sa fille que l'amour seul peut donner la force de supporter la vie austère,—l'amour d'un homme ou l'amour du Christ. Elle l'a élevée pour plaire au monde, — en lui disant, il est vrai, pour l'acquit de sa conscience, qu'il était fort dangereux de réussir.

Puis elle l'a mariée sans s'inquiéter si elle allait souffrir ou faiblir.

Elle savait pourtant que celle qui ne donne pas

BIBLIOTHÈQUE NATIONALE — R.F. — IMPRIMÉS

son cœur devient idolâtre d'elle-même, que pour
entretenir le culte qu'on se consacre, on accep-
tera tous les adorateurs et n'importe quel en-
cens.

Mère chrétienne, était-ce ainsi que vous expli-
quiez la légende de Cécile à votre enfant, au sor-
tir de la messe? De cette jeune femme, patricienne,
élégante, belle, qui sous la robe d'or décelant
son rang portait le cilice qui rappelle le corps à la
chasteté, l'esprit à l'humilité? De cette personne
riche et indépendante, qui dans son palais établis-
sait des bains pour les pauvres, enseignant à celui
dont elle purifiait l'âme, que le corps aussi doit
être respecté? De cette érudite qui, connaissant les
choses de la doctrine céleste, pouvait les démontrer, et par sa science, son éloquence dévoilait à
son époux, à ses amis, les sublimités de la religion
qu'elle avait embrassée, et leur faisait partager ses
croyances? De cette artiste qui n'étouffait pas le
don du Seigneur, mais employait sa belle voix,
son génie musical à chanter les louanges de Dieu,
à réjouir les âmes, à faire aimer, admirer, bénir
la créature du Créateur qu'elle adorait? Enfin de
cette martyre qui sacrifiait tous les biens de ce
monde, préférait mourir et voir mourir ceux
qu'elle aimait que de commettre un mensonge,
une lâcheté?

Les femmes comme sainte Cécile avaient beaucoup aidé à la formation d'une énergique nation, celle des chrétiens des premiers siècles.

Il faut refaire une nation énergique, reprendre l'influence.

Madame, si vous n'avez pas bien démontré Cécile, si vous ne l'avez pas offerte comme modèle à votre fille, vous êtes-vous mieux souvenue de l'histoire de Monique?

Vous a-t-on vue sévère jusqu'à la rigueur pour le fils que vous chérissez, quand il s'est agi d'affirmer votre horreur pour le vice? Et en d'autres temps, quand vous voyiez ce fils, triste, inquiet, harcelé par les passions, mais combattant le bon combat, avez-vous toujours cherché à l'aider à s'arracher aux entraves, à remonter des profondeurs de l'abîme à la clarté des cieux? Vous a-t-on vue quitter le monde, vos plaisirs, vos affaires même, pour fuir avec lui, l'entraînant dans quelque séjour écarté, l'esprit illuminé par les lumières que ses regards cherchent là où vous croyez entrevoir Dieu, sa main dans la vôtre? Avez-vous ramené l'âme, que le Seigneur vous avait confiée, à souhaiter avec vous, comme vous, l'éternelle patrie?

Avez-vous cherché à agir constamment dans le sens du bien sur ce fils, qui, entendez-le, n'aimant plus personne vous aime encore?

Avez-vous fait cela, mère chrétienne, mère tendre? Non, vous avez vaguement souhaité que votre fils fût *à merveille* ; qu'il joignît la force de saint Michel à la séduction de Don Juan ; l'esprit de Voltaire à la foi de saint Louis ; mais vous admettez comme très possible, — et beaucoup d'entre vous comme nécessaire, — qu'une partie de son existence soit en opposition flagrante avec la loi du Dieu que vous adorez.

Fidèle et prévoyante gardienne de la virginité de votre fille, vous avez admis que d'autres mères eussent des filles nécessairement, fatalement déshonorées.

Vous avez exigé de votre fils des *convenances,* c'est-à-dire que le convenu ne fût pas troublé, que la comédie sociale qui se joue entre gens bien élevés ne fût dérangée par aucun cri, aucune émotion, que tout ce que rencontre votre chaste regard lui fût agréable ; vous ne voulez pas apercevoir le laid, le sale, le mauvais.

Mais pendant que vous éleviez votre fille à l'ombre de l'autel, ou soigneusement protégée dans votre maison, vous admettiez que votre fils eût des maîtresses ; et vous ajoutiez que vous ne voudriez pas pour gendre un homme dont la vie eût été chaste.

Vous, mère chrétienne, qui deviez, sainte et vénérée à l'égal du prêtre, et plus puissante que lui, marcher dans la vie une main tendue vers le Ciel, et l'autre ouverte pour retenir ceux qui glissent et vont tomber, vous avez été sans pitié dans vos mépris pour des malheureuses qui devaient faire passer la jeunesse de M. votre fils, et enseigner à M. votre gendre comment il fallait se conduire avec sa femme.

Loin de nous d'accepter la donnée qu'on puisse remonter à l'honneur. Une femme qui n'a pas assez de cœur pour sentir qu'elle n'a pas le droit de communiquer ni de léguer l'opprobre de son passé, n'est pas digne d'ailleurs de prendre place à la tête de la famille. La pièce de M. Dumas (1) n'a pour suite qu'une prolongation de châtiment atteignant des innocents, ou la suppression du respect de la mère, et de tout lien qui procède de ce sentiment.

L'amour qui nous lie à la mère, comme l'amour que l'on consacre à l'époux, pour être pleins, efficaces, ne comportent pas un mélange de compassion.

Mais entendre les femmes qui prient, qui communient, admettre la nécessité d'un état infâme en même temps qu'elles écrasent de leur juste indignation les misérables qui s'y livrent, et déclarer par cela que le Décalogue est une absurdité, la doctrine du Christ un rêve, et Dieu un menteur, c'est en vérité trop étrange, trop illogique, trop bête.

Acceptez donc tout le christianisme, ou rompez avec lui !

(1) *Les Idées de Mme Aubray.*

Mais nul ne médite en son cœur, et la désolation couvre la terre, ainsi qu'il est dit dans l'Imitation.

Nous ne réfléchissons pas, nous suivons notre égoïsme, puis l'ignorance affaiblit notre entendement.

Nous voudrions bien pourtant être comptées ; mais dans quel but? n'importe! Par quels moyens? n'importe!

L'expérience démontre que ce sont de mauvais moyens que la molle complaisance et la servile imitation. La femme honnête qui a cherché à plaire par les arts de la courtisane, n'a pas réussi.

Elle a imité ses costumes, se faisant renseigner par des fournisseurs communs ; en vain a-t-elle pénétré dans son boudoir, employé sa langue, chanté ses chansons. Il faut aller jusqu'au bout dans ce rôle, ou n'être qu'une fade et ennuyeuse copie.

Ses salons ont été transformés en fumoirs ; on est venu s'étendre sur les meubles capitonnés, mais en se souciant peu de la présence de celle qui préparait ce comfort.

Le dédain que notre frivolité inspire, l'insignifiance de notre entretien, la fausseté de nos paroles, le manque d'originalité, de naturel, éloignent de nous. Ayant cherché à plaire par le langage corsé, par le ton leste, nous n'avons pas à nous étonner que l'on recherche plus que nous celles qui possèdent ces avantages à un plus haut degré.

Pourquoi être surprises de ce que l'homme que nous voulons fixer soit subjugué par l'apparence d'une personne à qui nous nous efforçons de ressembler ?

Une femme légitime qui prétend avoir sur un mari l'influence d'une maîtresse ne peut réussir ; il la trouve aussi chère d'entretien et moins drôle. Les conseils de M. Droz sont mauvais à suivre ; ils ne donnent pas la puissance en échange de la dignité perdue.

Et pour lors on ne se marie pas, ou mariés on vit comme si on ne l'était pas.

La famille, dont le père était le chef et dont la mère était le lien, s'en va.

Quel rire s'est élevé dans toute la France, l'an dernier, quand un prince allemand a remis à son père le soin de statuer sur sa destinée !

Sans familles fortes, unies, disciplinées, point d'armée, pas de nation. — Ecoutez les belles et mâles paroles du colonel Stoffel.

Et c'est la vénalité de la jeune fille, la vanité de la jeune femme, l'absence de principes et de réflexion chez la mère qui dissolvent la famille. Il faut encore ajouter à ces tristes maux l'ignorance, la sottise, l'esprit du mensonge...

Quelle décadence évidente dans notre instruction depuis Louis XIV, et quel abaissement dans l'intelligence !

Nous ne pouvons en juger que par les individualités; mais ce sont les individus remarquables qui dénotent l'état des masses. Il faut, il est vrai, des conditions particulières pour que des valeurs soient révélées; mais les générations sont jugées d'après ces exceptions sur lesquelles il convient à la Providence de diriger un rayon de lumière. Les époques sont honorées selon le talent ou la vertu de ces échantillons.

Quelle vigueur, quelle santé d'esprit témoignées par le style ferme, vif, de Mmes de Sévigné, de Maintenon, de Schomberg, de Sablé, de Fontevrault, de Grignan, de Staal, etc. ! Ces femmes du plus grand monde, menant des existences si brillantes, savaient beaucoup. Elles lisaient les auteurs anciens, disaient leurs prières dans le texte et non dans les mauvaises et ridicules traductions qui remplissent nos livres de messe; elles faisaient leur lecture courante de choses dont nous ne pourrions supporter deux pages. — Qui de nous pourrait discuter Descartes ?

Dans la bourgeoisie, quels esprits que ceux de Jacqueline Pascal, de la sœur des Arnauld, etc. !

Aussi quelles amitiés longues, fortes, fécondes, unissaient ces intelligences féminines aux grands esprits de leurs temps, et quelle influence elles ont eue sur leur siècle !

L'amour de l'instruction allait si loin, il est vrai, que Molière et Boileau durent en réprimer les abus par d'impérissables satires ; mais certes ce n'était pas un public d'ignorantes et de sottes que demandaient ces hommes-là.

Ils savaient mieux que personne la valeur de ce mot vide, *esprit naturel*. Qu'est-ce que cela ? Quel est l'esprit d'un enfant élevé seul dans une île déserte ?

Tout esprit est un composé de mémoire, de sens commun, et d'une particulière facilité d'expressions plus ou moins heureuses et abondantes. Cette dernière faculté, la rapidité que certains ont pour rendre leurs impressions, peuvent tromper un moment. On se laisse prendre à cette apparence fleurie qui cache un fond de pierre. Aussitôt qu'on creuse, le roc se produit et aussi le dépit. De là naît une injustice fréquente, cruelle à beaucoup. On délaisse avec colère la personne chez qui l'on ne trouve pas les mérites créés par l'imagination.

Nous déclinons déjà au siècle dernier : pourtant bien du charme encore dans l'esprit. Quelles lettres jolies que celles de Mmes du Deffant, de Choiseul ! L'une était sage, l'autre était vieille, et pourtant on ne les fuyait pas ; elles étaient *influentes*.

L'affaissement se dessine, le pathos, la sentimentalité se répandent dans les longs romans de M^{m⋅s} Cottin, de Souza. Voici Mme de Staël ; mais elle inaugure le moment où la femme en se transformant va disparaître.

Depuis, pas une saine vue d'intelligence féminine ne s'est révélée, hormis dans le charmant courrier de Mme de Girardin. Pourtant le ciel n'a pas voulu que la grâce dont il avait doté Mlle de Guérin fut inaperçue ; le rayon céleste fut projeté sur le coin du monde qui avait caché son talent modeste et réel. La même faveur nous fut accordée grâce à la pieuse indiscrétion de Mme Craven ; nous eûmes un beau livre et la révélation d'âmes exquises.

Nous pouvons par de tels exemples croire que bien des perles gisent enfouies et que bien des roses fleurissent pour mourir inconnues. Mais ces âmes d'élite remplissent-elles leur mission, le flambeau allumé par le ciel éclaire-t-il ? voilà ce que nous ne savons pas, hélas ! parce que nous ne nous en apercevons guères.

Des femmes d'un véritable talent et d'un grand cœur se sont bravement dévouées pour le salut de tous, Mmes Schwetchine, de Gasparin, lady Fullerton.

Elles ont donné ce qu'elles avaient reçu, mais elles n'étaient pas Françaises.

Mme Craven déploie un vrai talent à populariser

en France l'honnête, le moral roman, comme il est compris en Angleterre et en Allemagne; mais elle signe d'un nom étranger, et date d'une autre contrée ces essais applaudis des gens de goût.

Nous possédons, assure-t-on, des femmes parmi nos écrivains de premier ordre.

Ces personnes hermaphrodites ont dépensé un grand style, une véritable érudition, à détruire un ordre social où elles avaient perdu leur place. Mais nous n'avons pas le droit d'en parler comme femmes, de toucher au masque sous lequel il leur plaît de se cacher, et de rechercher les mystères que cachent des pseudonymes masculins.

Donc, à peu d'exceptions près, notre influence se produit dans la littérature de moins en moins, et par des exemples de plus en plus faibles. Les femmes ne signent que des contes d'enfant et des bulletins de mode. Il est vrai qu'elles excellent dans le genre descriptif à propos de chapeaux.

Sommes-nous mieux représentées dans la conversation?

Que rencontre-t-on dans les salons? trois catégories de femmes : celles qui prétendent tout savoir, celles qui ne veulent rien savoir, et celles qui ne visent qu'à l'esprit, à être trouvées très amusantes.

Les premières sont des femmes qui, en général, habitant beaucoup Paris, abordent tous les sujets politiques, philosophiques, théologiques, sans notions essentielles et préalables. Elles ne font aucune lecture sérieuse; — quand en auraient-elles le temps? — et se lancent, tête baissée, dans les conversations les plus subtiles, les discussions les plus épineuses. Elles ont reçu, enfants, cette éducation moderne qui consiste à apprendre le plus de choses possible dans le moins de temps possible; de tout elles ont une teinture. Elles savent quelques expressions techniques, elles ont conservé quelques dates et une demi-douzaine de citations. Lestées de ce léger bagage, elles s'élancent hardiment. Rien ne les arrête, rien ne décontenance leur aplomb. Un dégagé habile les met à l'abri d'un coup porté droit. Leur confiance éblouit, on est tenté de la partager, mais bien vite on s'ennuie de ces Bélises gonflées et vides.

Elles pourtant n'hésitent pas à se croire dignes de l'Académie; elles accepteraient le plus aisément du monde la présidence d'un conseil des ministres, la direction d'un concile, la conduite d'une armée. Elles sont aux Chambres, aux théâtres, aux sermons, infligeant le blâme, décernant la louange, avec autant d'assurance que peu de logique. Toujours tranchantes, jamais elles n'emploieraient le joli, « je ne sais pas » que l'habile Maintenon recommandait aux élèves de Saint-Cyr. Elles ne se soucient pas de savoir que leur rôle est de faire

parler. Elles ne daignent pas réfléchir que le se-
cret de l'influence d'une femme se trouve dans la
façon dont elle aide l'esprit d'autrui à se produire.

Une des dernières enchanteresses, la comtesse
du Cayla, causant même avec des personnes beaucoup plus jeunes qu'elle, semblait toujours atten-
tive à leur approbation, désireuse de soumettre
son opinion à la leur. Un aimable « Ne trouvez-
vous pas ? » terminait presque toutes ses phrases.

Une personne que beaucoup ont connue et ap-
préciée, la comtesse de Circourt, avait aussi cette
adresse. On croyait toujours avoir été remarquable
en quittant son salon parce qu'on avait été remar-
qué, et l'on y retournait avec le désir de mieux
dire encore. Aussi avait-elle un salon suivi par des
hommes ayant une valeur.

Mais ne mettons pas sa bonne grâce dans notre
inventaire : Mme de Circourt, comme Mme Schwetchine était Russe.

Quels sont les salons tenus par des Françaises ?
Nous ne chercherons pas à les énumérer, tant il en
est peu qui méritent vraiment l'honneur d'un nom
qui peint d'un trait l'hospitalité gracieuse, modeste, affectueuse, que certaines femmes offrent à
ceux qui combattent pour l'honneur et le salut de
la société à laquelle elles appartiennent. Pour être
de ces femmes, il faut avoir assez d'esprit pour
cacher sa propre valeur, et mettre en relief le mé-

rite des autres. Il faut avoir assez d'instruction pour comprendre tous les sujets, mais être exempte d'une prétentieuse pédanterie.

Les femmes qui ont le courage et le talent d'oûvrir ces asiles aux travailleurs de la pensée, aux vétérans de l'action, font beaucoup pour le pays. — Combien sont-elles?

Vient ensuite la catégorie de celles qui, ne sachant rien, ne veulent rien apprendre. Ces honorables personnes blâment tout progrès, haïssent tout changement.

Il suffit qu'une chose ait été pour qu'elle soit tenue irréfutable. Il est difficile de savoir pourtant à quel jour et à quelle heure la perfection obtenant son comble a dû se pétrifier : Henri IV eût pu paraître révolutionnaire à Louis XI ; le Paris de Louis XIV ne ressemble pas plus à celui de Philippe-Auguste que le Paris Haussmann à celui de Louis XIV.

Mais elles ne répondent pas aux arguments ; elles n'admettent pas les discussions. Toute divergence politique est interdite. Ceux qui ne partagent pas, — je ne dirai pas leurs opinions, elles n'en ont pas, — mais leurs sentiments, et d'une manière absolue, étaient déclarés régicides ; maintenant ils seront qualifiés de pétroleurs, si elles se sont, par miracle, donné la peine de lire les journaux et de s'intéresser aux faits de l'année. C'est douteux pour beaucoup.

Un grand nombre de ces dames professe la foi légitimiste, mais chaque parti contient de ces raisons arrêtées par l'orgueil.

Les unes regrettent les bûchers, les potences; les autres Cayenne; quelques-unes pensent aux niveleurs, à 93.

Leur religion est une superstition : elles ont des fétiches, des prophètes. Leur patrie est *leur* château ou *leur* maison. L'Europe est un mot, l'étranger un monstre, pour celles cramponnées au rocher des vieilles idées. En vain tout se meut autour d'elles; les yeux clos avec fermeté ne s'ouvrent pas.

Des entêtées révolutionnaires ne supportent pas au contraire qu'une France ait existé avant 89; et il suffit qu'on soit sorti d'une antique lignée de guerriers, de magistrats, pour que l'on soit un idiot ou un malfaiteur.

Quel ennui émane de ces intelligences figées! Comme l'absence de lumière, de chaleur, rend ces femmes pénibles!

Quelle lourdeur dans cette maison où quand le mari, les enfants reviennent, on trouve l'opinion servie! Tant pis si elle ne plaît pas, acceptez-la, et taisez-vous.

On se tait, on se sauve, on va au club, on va n'importe où, pour trouver la liberté de parler, d'interroger, et aussi la gaieté, la gaieté nécessaire, indispensable.

On ne la rencontre guère, il est vrai, là où l'on va la chercher; en place on y trouve le jeu, la débauche, et on en rapporte la démoralisation. Et c'est ainsi que les honnêtes mères de famille ont préparé la génération forte !...

Nous avons encore les femmes qui ne se souciant pas de choses sérieuses, n'ont de prétentions qu'à *l'esprit !*

Oh ! celles-là sont vivantes, agitées; elles se donnent bien du mouvement et du tourment pour être considérées comme amusantes. Elles veulent être au courant de tous les cancans, connaître toutes les anecdotes du jour, et jusqu'au nom des donzelles du bord du Lac. Elles se plaisent à mettre ces noms sur les visages.

Bon nombre de ces femmes d'esprit habitent la province, ont été élevées dans d'austères maisons, sortent de familles dites patriarcales,—bien que le patriarcat ait peu de rapport avec nos mœurs. Mais elles tiennent à faire sentir qu'elles sont au courant des choses du moment. Elles veulent être à la mode à tout prix. Elles ont leurs vêtements des fournisseurs à la mode, qui souvent même les habillent à celle qui sera, s'ils réussissent dans leur mercantile stratagème. Elles ont le mot à la mode—

il y en a un tous les ans, comme une chanson. Il y a quelque temps, le mot *féroce* était le seul qualificatif qu'il fût de bon goût d'employer. On avait un chapeau féroce, une voiture féroce, etc. Elles se nourrissent de journaux légers, soutiennent la littérature... amusante.

Elles ne s'inquiètent pas de ce qu'une phrase contient, mais bien de sa tournure. Il faut qu'elle renferme le mot à effet dans une belle monture. Pour leur complaire sans doute, on a inventé toutes sortes de coupes de phrases. La phrase fusée qui lance le mot, plane et retombe doucement. La phrase rosette qui tortille dans d'agréables méandres avant d'être arrêtée, saisie, servie par le même mot à effet. Enfin, la phrase à double battant, la phrase Boissieu.

Ah! qu'elles sont coupables les femmes qui obligent tant de gens de talent à se rendre *amusants !...*

Encore là, si elles déclaraient que toutes ces ficelles ne servent à rien, qu'il faut dire ce qu'on a à dire en bons termes et voilà tout, qu'il faut prendre l'esprit quand il vous vient, et non courir après pour revenir fatigués, hors d'haleine, avec cette proie si chèrement gagnée. Si elles disaient cela, les femmes, bien vite ces petits trucs qui affaiblissent la langue, amoindrissent les hommes, tomberaient dans le dédain.

L'esprit dont ces dames se font les prêtresses, anéantit toute spontanéité, énerve le génie, éteint l'enthousiasme. Il fait de la gaieté une grimace.

Cette chose aisée, charmante, à la fois légère et sensée, ironique et touchante, qu'on nommait l'esprit français, qui nous avait été donnée pour faire valoir le bon sens que nous possédions aussi à un haut degré, pour rendre la logique aimable et la raison jolie, qu'en avons-nous fait ?

Quelque chose de lourd, de vulgaire, d'ennuyeux enfin !

Il devait être l'ornement et est devenu le principal ; l'arabesque devait sobrement décorer le palais ; maintenant elle surcharge, dévore la maigre muraille qui la reçoit. Tout discoureur a l'esprit comme but. On n'exprime plus ses sentiments, on n'énonce pas ses opinions, on ne soutient pas un principe, on *fait de l'esprit !*

L'homme d'État qui lutte pour le salut de la France, le général accusé de n'avoir pas bien défendu sa patrie, cherchent une phrase bien faite, et se consolent en croyant avoir eu de l'*esprit.*

Il nous faut du plaisant, n'en fût-il plus au monde.

Les séances de l'Assemblée qui statue sur les destinées de notre pauvre France ne seront pas lues si elles ne sont pas présentées en manière de comédie.

Il faut que les lazzis de Calino alternent plaisamment avec les récits de nos humiliations, et que ces récits-là soient arrangés d'une certaine manière qui les dramatise.

Quand on pense, bon Dieu ! qu'au lieu de cacher les insultes que nous recevons et que nous ne pouvons venger, les journaux les enregistrent, les exagèrent, les inventent même, afin de procurer de l'intérêt, de l'émotion, un certain je ne sais quoi de piquant qui plaît au lecteur !

Et c'est nous, nous surtout, qui demandant de l'amusant, de l'émouvant chaque matin, avons excité les journalistes à sans cesse fournir à la soif inextinguible et étrange du nouveau, et qui avons enseigné au peuple à s'en enivrer. — Vous savez où l'a conduit cette ivresse.

Avec notre passion pour l'esprit, pour l'amusant, que faisons-nous des arts ?

La poésie que nous comprenions si bien, le récit harmonieux, cadencé des grandes actions, ou la peinture des beaux sentiments ; le choix de nobles termes exprimant ce qui se passe en nous, ce chant qui consolait des douleurs tout en les dévoilant, cet art de

« Conserver une larme en perle condensée, »

nous n'en voulons plus ; les vers nous ennuient à moins qu'ils ne soient troussés par quelque bizarrerie de forme, et cessent d'être des vers, ou bien offrent des hardiesses ou plutôt des licences alléchantes comme tout fruit défendu.

En peinture, c'est encore l'amusant qu'on demande. On veut avant tout savoir ce que représente un tableau. La longue légende dans le livret attire plus que le mérite. La sublime naïveté des vieux grands artistes ne se comprend même plus. Raphaël semblerait bête et ennuyeux s'il exposait incognito.

« Ces femmes, ces enfants sont beaux, mais après? »

Le bibelot prend la place de l'art.

Que cherche-t-on au théâtre? Le grandiose transformé en grotesque. Les héroïques épopées qui enchantaient nos aïeux, on les traduit en charge.

Ces rêves dorés des peuples, qui divinisant la force, la beauté, nous enseignèrent le charme et nous léguèrent l'admiration, nous en avons fait d'ignobles caricatures. De la déesse, de la nymphe, de la fée, de l'héroïne et presque de la sainte, nous regardons en riant l'image déformée et souillée, — nous à qui le culte du beau, du calme, de l'honnête avait été confié !

Pensez-vous être devenues plus *amusantes* en abdiquant ainsi dignité, retenue, bon goût; en forçant votre nature propre, délicate et recherchée à rire de tout ce qui lui répugne ?

L'esprit moderne est froid et faux comme le rire d'un vieillard, il *amuse* autant que la plaisanterie grivoise et surannée que toujours il rabâche.

Vous ne le goûtez pas? pourquoi faire ha! ha! en vous forçant de *paraître* gaie? Pourquoi paraître ce qu'on n'est pas? Le manque d'originalité, voilà ce qui nous rend ennuyeuses, ainsi que le manque de vérité. Nous posons toujours.

L'absence de naturel nous est enseignée dans l'enfance. On nous apprend à mentir en même temps qu'on nous enseigne notre prière.

Certains patrons sont adoptés par la société; on jette la pauvre âme nouvelle venue sur cette forme, puis on tire, on retranche, on mutile. La perfection est d'arriver à être entièrement pareille à la voisine qu'on n'aime pas.

On y parvient pour la forme; pour le fond c'est malaisé; mais ce qui n'est pas *vous* chez *elle* vous choque, vous tourmente. Pourquoi cette vivacité, quand je suis lente? horrible cette gaieté, — je suis triste!

Quand on déclare aimer le bleu, c'est prononcer un arrêt de mort contre tout ce qui est vert.

Les amateurs de pommes ne souffrent pas les palmiers, la rose déclare à jamais la déchéance de la pomme de terre.

Si Mme X... n'est pas vertueuse à la façon de Mme Z..., elle ne l'est guère à ses yeux. « Comment

Mlle Pauline se permet-elle de chanter? » dit Mlle Berthe.—« Si le feu de l'enfer ne la dévore pas encore, attendez, c'est partie remise. »

Pas de voies différentes pour arriver au ciel, but suprême. Chacun doit emboîter le pas derrière un chef de file. — Dispute souvent, à qui le sera.

Les grandes règles du Sinaï ne suffisent pas, le monde a bien d'autres commandements.

> Tous mes mérites reconnaîtras,
> Et copieras servilement.

Voici le premier. —

Écoutez parler : toujours louange de soi-même comparée à autrui. Autrui a peur, il imite. L'imitation fait le tour, lâche, stérile, *ennuyeuse*, ne s'arrêtant qu'au type convenu, à celui ou à celle qui ont eu l'audace et le bonheur de se faire adopter comme type.

Voyez nos toilettes : parce qu'il convient à une dame Espagnole ou à une dame Autrichienne (moins moutonnes que nous ne sommes !) de s'affubler de tel accoutrement plus ou moins siéyant, nous voici les jeunes et les vieilles, les belles et les laides, les grosses et les maigres, adoptant ce qui embellissant les unes doit rendre hideuses les autres.

Notre costume devrait être une émanation de nous-même, l'achèvement par l'art et l'intelligence de notre forme ! Il devrait être pour notre corps ce que le plumage est à l'oiseau, au cheval son beau pelage. Il prépare, établit, complète l'impression que nous voulons produire; et pourtant aucune de nous n'a le courage de réfléchir devant son miroir en se composant un costume particulier qui convienne à son âge, à sa situation, à son caractère.

On est vêtu comme les élèves d'un couvent dont la règle serait relâchée. Nous avons peu de décence dans nos costumes, mais une grande rigueur dans la monotonie. Le commis séducteur, qui dit à une femme en lui offrant une étoffe qu'elle la verra sur le dos de toutes ses amies, sait faire vibrer la corde sensible. Aussi une réunion de femmes est-elle au moins aussi *ennuyeuse* à regarder qu'à écouter.

Cette passion de la mode, de l'imitation, — on le sait, — a eu des inconvénients plus sérieux ; la femme pauvre a voulu s'habiller comme la femme riche, et celle-ci comme la souveraine : de grandes ruines en sont résultées, et aussi de grandes hontes. Le mariage s'est ressenti de cette fureur ; les hommes n'osaient pas offrir à leur femme une existence par trop affreuse. Elles savent si bien dire tout ce qu'on éprouve de douleur quand on est moins bien mise qu'une femme très élégante, qu'ils ont compati à ce malheur — et beaucoup — ne voulant pas le produire.

En outre nous avons su si bien dissimuler notre vertu sous des dehors trompeurs, que l'Europe entière s'est mise à douter de cette vertu. Personne n'a cru qu'il fallût tant de mètres d'étoffes disposés en volants, en plissés, en bouillonnés, en biaisés, pour vêtir l'austère honnêteté.

Nous avons mauvaise réputation à l'étranger.

Qui de nous, voyageant, n'a entendu sur son passage ce mot *Parisienne,* prononcé avec haine, admiration et envie? Nous étions un peu fières, n'est-ce pas? de cette affirmation de notre prestige.

Pourtant, nous n'avions pas raison de l'être.

Les nuances imperceptibles n'étaient pas perçues, et la pensée qui s'arrêtait sur nous ne pouvait flatter que celles qui prisent peu leur honneur.

Les étrangers nous jugent sur l'apparence; franchement, comment être surpris qu'ils ne comprennent pas une nation qui a un aussi singulier caractère que la nôtre? Une nation qui blâme le goût qu'ils éprouvent pour la littérature qu'elle produit, qui se scandalise du plaisir qu'ils trouvent au théâtre qu'elle pourvoit, et s'indigne de l'effet des doctrines qu'elle propage! On se souvient de l'étonnement douloureux causé par la conduite peu décente des sommités étrangères lors de notre dernière exposition. Ils traitaient Paris comme un grand café chantant, et c'est ainsi qu'ils le désignent encore, hélas ! N'en avaient-ils pas le droit, au moins alors, en ne trouvant nulle part révélées la présence, l'*influence* de la femme qui fait respecter sa ville et sa maison ?

Le sentiment erroné de la facilité des mœurs des femmes de Paris a une influence pernicieuse.

Un exemple entre mille :

Il y a déjà bien des années, deux jeunes femmes du plus grand monde se rencontraient dans une ville d'eaux. L'une était Française, l'autre étrangère, toutes deux avaient à peine dépassé vingt ans et venaient de se marier. L'étrangère prenant un jour la Française sous le bras lui dit : « Allons, ma chère, avouez-le, toutes les femmes ont des amants à Paris, n'est-ce pas ? » La Française, qui était fort timide, rougit beaucoup, et pourtant retrouva du courage pour prononcer un énergique et véridique « Non ! » « Ah ! reprit l'autre, nous savons à quoi nous en tenir. » L'hiver suivant cette belle étrangère vint à Paris, fit beaucoup parler d'elle, et servit, assure-t-on, de type à la *Diane de Lys,* d'Alexandre Dumas. Elle avait été perdue par notre mauvais renom, avant même de venir en France.

Que croyez-vous que les femmes d'Orient aient pensé,—en supposant qu'elles pensent,—de la brillante apparition d'une princesse chrétienne, femme honnête aussi, qui a pénétré naguères dans les harems pour y porter l'exemple et la justification de nos toilettes excessives? Ont-elles pu deviner sous tant de luxe un sincère amour de la simplicité? Cette agitation *benoîtonne*, cet ardent besoin de plaisir et de mouvement leur révélèrent-ils la raison d'une souveraine, le dévouement d'une épouse, la tendresse d'une mère? Loin de nous d'ajouter à la douleur, de médire de l'exilée ; mais n'est-ce pas faire l'éloge d'un cœur qui s'est montré généreux, que de croire aux remords qui doivent accompagner ce souvenir?

Il est triste pour une femme honnête d'avoir été dans ce pays qui se souvenait des croisades, pour y porter des germes de méfiance contre le résultat de tant de siècles de civilisation chrétienne.

Ah! mes sœurs! mes sœurs! n'attendons pas davantage, l'heure est proche, le moment est venu de nous expliquer, de nous relever, et en nous redressant de sauver, de venger notre France!

De la sauver en nous faisant grandes, fortes, afin que les hommes de notre pays soient grands et forts aussi, eux, et plus que nous; — de la venger en montrant au monde que nous savons être néanmoins les femmes les plus vraiment femmes.

La supériorité du charme, nous l'avons encore, ne l'oublions pas. Nous n'avons été vaincues par aucunes. Mais faisons emploi de ce charme, qu'il serve à l'honneur du pays, qu'il se produise dans l'œuvre de résurrection !

Quel joli portrait est celui que Pétrarque fait de Laure au sonnet 59 [a. m.]; de cette Laure qui est une de nos gloires, car elle inspira non-seulement les goûts délicats, l'art de bien dire, et de dire beaucoup en peu de mots, à celui qui cherchait la lumière du ciel au fond de ses beaux yeux ; mais plus encore parce qu'en « recevant de lui la gloire elle excitait à la vertu. » (Son. 42 [p. m.].)

Voici le commencement de ce portrait, — puisse-t-il servir de type à bien des jeunes femmes :

> Sortant de noble sang et menant humble vie,
> Unissant un cœur pur à l'esprit le plus haut,
> Les fruits de l'âge mûr aux fleurs de la jeunesse,
> Sous un aspect pensif ayant l'âme joyeuse...

Un prédicateur fut entendu dans une retraite de femmes prêchée à Rome, au Caravita, qui disait :

« Dieu mit entre l'homme et la femme un attrait très fort, périlleux mais nécessaire pour le bien de tous deux ; comme sauvegarde il donna à la femme « sa sainte pudeur. »

Cette sainte pudeur, ce bouclier qui permettait de s'avancer hardiment, qui défendait la sainte liberté, qu'en avons-nous fait ?

Comment se fait-il que des femmes qui passent leur vie à étudier, à aimer la Sainte Vierge Marie, l'aient ainsi laissé perdre ?

Avec elle s'en va ce commerce intellectuel si nécessaire à conserver entre les deux sexes. Entre la femme ornée de pudeur et l'homme armé d'honneur, il était possible.

On dit que la pudeur n'a rien de commun avec la vertu, que cette barrière d'avant-garde n'est pas nécessaire pour la protéger. C'est possible, mais elle est bien nécessaire au charme.

Et je le répète toujours, le charme nous est nécessaire, parce qu'il faut ressaisir l'influence.

Il faut que nous soyons autrement mais bien plus charmantes que ces femmes vulgaires et déhontées qui prétendent nous enlever notre empire, nos affections. Il faut que l'époux trouve la femme légitime plus attrayante mille fois dans sa sereine vertu que la maîtresse avec son rire strident.

Mais il faut que la jeune épouse se souvienne des paroles qui ont été dites par le prêtre qui bénissait son union : « Qu'elle soit respectable par sa modestie, vénérable par sa pudeur, qu'elle soit érudite dans la doctrine céleste. »

Il faut aussi que le fils trouve dans sa mère la plus charmante, la plus fidèle, mais la plus éclairée des amies.

Il faut que les hommes cherchent près de nous les applaudissements qui encouragent aux travaux, aux luttes ; que les lettrés soient soutenus dans leurs recherches par notre intelligent intérêt, que les artistes aient en nous des auxiliaires afin qu'ils reproduisent le beau dans toute sa vérité.

Mais surtout, avant tout, il nous faut travailler à l'œuvre du moment, à la réconciliation des enfants de la France.

Nous seules pouvons peut-être l'accomplir, — à coup sûr le tenter.

Rapprocher le pauvre du riche, c'est possible ; mais celui qui travaille de celui qui possède, c'est plus difficile. Essayons encore, toujours ; ne nous retirons pas vaincues.

La solution du problème qui peut sauver la société n'est que la mise en pratique du christianisme : nous ne possédons rien que pour en faire part ; Dieu seul est détenteur de toute richesse, et nous confie les biens ; nous sommes responsables devant lui de l'emploi que nous en faisons. Ce grand autocrate, Dieu, ne doit de comptes à personne ; il sème où il lui plaît, mais il demandera, lui, des comptes terribles à qui ne remplira pas sa mission.

Notre bourse doit être la réserve du pauvre. Mais le trésor confié n'est pas seulement de l'argent, c'est l'instruction, c'est la pureté d'une âme issue d'une lignée d'honnêtes gens, c'est une intelligence sortie des intelligences antérieures largement douées, ce sont les loisirs que nous pouvons employer à augmenter notre sens, à orner notre mémoire, à cultiver notre esprit.

Tous ces biens-là ont été faits pour d'autres que nous-mêmes. Nous ne sommes que les parties d'un tout, les points d'une tapisserie, les anneaux d'une chaîne.

Nous sommes responsables les uns des autres devant la justice éternelle.

Encore la Bible, la Genèse; tout s'y trouve :

« Dieu dit à Caïn : Qu'as-tu fait de ton frère?

» Vous ne me l'avez pas donné à garder, » répond le premier des fratricides.

Il ment; nous avons la charge de toutes les âmes que nous pouvons atteindre.

Quand, durant le cours de l'épouvantable année qui vient de s'écouler, nous nous sommes approchée des gens du peuple pour les interroger, les consoler, et surtout les soigner, nous avons été frappée de la stupidité, de la lâcheté, du matérialisme, que nous avons rencontrés. Nous avons compris qu'il ne fallait qu'un meneur hardi pour allumer ces cœurs secs, et faire de ces êtres sans foi, sans amour, sans connaissance, des monstres de férocité.

Et nous avons eu peur, très peur, mais surtout peur de Dieu ; car pourquoi, comment sont-ils ainsi méchants, idiots, impies? N'est-ce pas notre faute?

Nous avons entendu les contes les plus absurdes, les données les plus impossibles, acceptés et reproduits par des populations entières : l'or des prêtres soldant l'armée prussienne; les nobles, les riches, les principaux enfin, faisant des caves de leurs châteaux des arsenaux remplis de troupes, de mitrailleuses, de chassepots; des voitures silencieuses parcourant la nuit les chemins et reliant les conspirateurs dont le but était d'égorger « *le pauvre monde* » ou du moins de l'asservir; le Pape, l'Empereur, le comte de Chambord, voyageant dans des tonnes et nourris par la bonde.

Nous avons entendu ces extravagances idiotes et pis encore.

Quand à l'heure du combat chaque famille vit partir ses enfants, quand le fils du château appela le fils de la chaumière pour marcher avec lui, quand toutes les mères pleuraient, l'on répétait encore : « *Les nobles vont à la guerre, mais pour y entraîner le peuple et le faire périr.* »

Puis enfin, lorsque blessé, estropié, boiteux, le capitaine revenait, l'habitant du village disait — et ces paroles nous les affirmons : — « *Il n'est blessé qu'aux jambes, les Prussiens eussent tiré à la tête s'il eût été l'un des nôtres.* » Quand il ne revenait pas, ce jeune chef qui avait tout quitté pour conduire à l'ennemi les hommes de son pays : « *Que voulez-vous, il fallait bien en sacrifier quelques-uns pour atteindre leur but.* »

Ces infâmes, ces sataniques propos étaient fréquents. Quels progrès ont été faits depuis les temps les plus mauvais du moyen-âge ?

N'a-t-on pas brûlé vif un homme dans la Charente, avec des raffinements de cruauté tels qu'aucune légende du temps passé, qu'aucun récit des contrées sauvages n'en peut faire concevoir l'horreur ?

Nous savons ces choses hideuses, nous avons vu les ruines qui témoignent du degré de démence où peuvent amener les passions de ce peuple sans frein ; nous avons baissé la tête devant ces humiliantes mutilations de la grande ville qui se disait la capitale du monde civilisé, et qui est devenue un objet de dégoût ou de pitié pour le monde entier.

Nous avons pleuré, et nos yeux encore s'aveuglent de larmes au souvenir de ces saints prêtres que nous aimions, que nous vénérions, que nous cherchions à l'heure de la tristesse, du péril, que nous trouvions toujours paternels, guides sévères seulement quand nous manquions à donner le bon exemple, quand notre charité n'était pas assez prompte, assez tendre.

Le curé de la Madeleine grondait de sa plus grosse voix quand on disait seulement : « J'ai fait une bonne affaire, j'ai payé cet objet au-dessous de sa valeur. » Ah ! qu'il aimait les pauvres et les souffrants !

Et pourtant, ces hommes-là, nés du peuple, travaillant, sans fortune, ils les ont massacrés parce qu'ils servaient le bon Dieu qui est venu enseigner la miséricorde, consacrer la vie humble et mourir sur la croix.

Ils ont tué le vieillard, le savant, l'homme de bien, le magistrat, le jeune séminariste qui voulaient servir Dieu en aidant les humains, parce que ces monstres, qu'il ne faut pas honorer en les comparant aux animaux qui tuent pour manger, haïssent le bien.

Mais nous ne sommes pas le mal, nous sommes le bien, nous ne devons pas connaître la haine. Nous voulons qu'on punisse, mais non pas qu'on se venge, et tristement nous nous demandons comment n'avons-nous pas communiqué à ces créatures un peu de ce cœur que Dieu nous a donné?

Ne nous sommes-nous pas trop tenues éloignées d'eux?

A Paris le dernier régime avait établi la ville des pauvres et la ville des riches, ou plutôt la ville de ceux qui dépensent et celle de ceux qui travaillent. On ne se voyait plus guère que par des dehors mauvais, souvent trompeurs. La voiture qui éclabousse et passe vite laisse la pensée qu'elle n'emporte que le contentement, quand souvent elle conduit la douleur vers d'autres douleurs. Les fêtes sont extérieures, les peines se trouvent à la maison. Quand on vivait sous le même toit, dans la mansarde on savait plaindre souvent le chagrin qui habitait au premier. La dame montait chez l'ouvrière, lui parlait, et souvent aussi le dîner montait. Dans les villes d'Italie où le prince rencontre sur l'escalier chaque jour l'homme du peuple, point de ces haines. Il est vrai que tous deux jouissent de la même manière de la galerie, de la villa, s'occupant peu des titres de propriété, et se passent également de bons dîners.

Chez nous, l'air qu'on respire est saturé de haines; c'est l'orgueil, l'ambition qui les produisent plus que la misère, assure-t-on.

Eh bien! c'est à ces passions-là qu'il faut nous attaquer. Il faut du courage, beaucoup. Le Père de Ravignan laissait cette devise à plusieurs des nôtres : « Mesdames, du courage, encore du courage, toujours du courage. »

Nous avons fait beaucoup ; nous avons des crèches, des asiles, des écoles, des ouvroirs, etc. Mais il paraît que nous avons fait mal ou pas assez, puisque nous n'avons pas réussi.

Il faut redoubler l'effort ; il faut retourner plus hardiment que jamais chez l'ouvrier, lui parler. Il faudra bien qu'il nous reçoive ; nous allons soigner sa femme malade, lui parler du petit.

Hélas ! souvent il n'est pas là, je le sais ; il est au cabaret, mais tâchons de trouver la femme. Car c'est par cette femme d'ouvrier qu'il faut tâcher que la lumière se fasse. C'est à elle que nous devons nous attacher. Voyez ce qu'elle devient, la malheureuse, dans l'abandon !

Une vision terrible hante mes jours et mes nuits : trois femmes sont condamnées à mort (1) ; derrière elles la débauche, la honte, l'infamie, le crime hideux ! devant elles un jour où elles iront devant des fusils, et puis... le ciel peut-être, mais ce supplice envisagé de si loin, cette attente !... Ces femmes sont hideuses moralement ; mais ne vous font-elles pas pitié avant tout, malgré tout !

Ne voudriez-vous pas qu'on nous rendît ces vies pour expier la faute de ne les avoir pas assez pro-

____

(1) Leur peine vient d'être commuée.

tégées, pas assez aimées? Oh! la bonté de notre cœur, pourquoi donc Dieu l'a-t-il faite?

Instruisons-nous, écrivons, lisons, prions pour ces pauvres femmes, qui sont si ignorantes et si mauvaises!

Dans les campagnes, la tâche est plus facile; tâchons donc de faire des femmes de ces paysannes si laides et si sottes. Elles pourraient être aimées autrement et devenir *influentes*.

Enseignons-leur par la parole et surtout par l'exemple une religion qui soit solide, sérieuse.

De l'essentiel elles ne savent presque rien. Faisons le catéchisme, soyons l'auxiliaire du curé, son soutien, mais aussi son *stimulant*. Parlons-leur, à ces femmes, de Jésus ouvrier, pauvre, simple, véridique, obéissant avant de monter au Calvaire, et de là bénissant toutes les bonnes volontés, appelant à lui toutes les énergies, pardonnant à tous les pécheurs.

Disons-leur les splendeurs des cieux et les beautés de la terre. Ces beautés, Dieu les a faites pour tous; combien en jouissent dans nos contrées?

Dans les pays privilégiés—car Dieu a des favorisés—la contemplation console la misère. Aux campagnes du Tibre, le paysan s'émerveille de l'éclat d'un soleil qui disparaît dans un océan de lumière, et n'use pas cette joie.

Nous avons vu les mariniers des îles méditerranéennes suspendre leurs rames, exhalant l'admiration que leur arrachaient les jeux de la lumière et l'aspect de leur pays. « Oh ! regardez, » disaient-ils avec un joyeux accent de reconnaissance, « regardez combien notre île est belle ! » Et pourtant, depuis le jour de leur naissance, ils la voyaient, cette beauté !

Nos pauvres paysans ne voient pas, et ne le savent pas ; ils ne jouissent pas de ces bonheurs que le Seigneur a faits pour tous ; pas de fêtes continues pour eux.

Apprenez-leur ; soyez l'ange envoyé par Tobie, ouvrez les yeux de ces aveugles. Enseignez-leur aussi l'histoire de leur pays. Montrez d'abord l'homme armé et l'homme des champs ; celui qui cultive, celui qui lutte ; le château sentinelle, le village se groupant autour de la tour pour en être protégé. Puis la loyauté payant le service rendu, le sang versé. La famille toujours prête au combat récompensée, encouragée, par ce beau titre : *noblesse*.

Enfin la monarchie venant corriger les abus de la féodalité, formant la forte nationalité de la France, péchant aussi par des abus de puissance.

Les hommes étant imparfaits, les gouvernements toujours le seront. Dites bien que toute forme de gouvernement sera bonne pour un pays où la conscience sera écoutée, les lois maintenues, et le respect mutuel bien établi. Hors de là, aucun homme, aucun nom, aucune dynastie, ne sauvera la France.

Dites ces choses comme vous pouvez les dire, avec grâce, avec feu; réunissez ces pauvres femmes autour de vous, souvent le dimanche après vêpres sous vos grands arbres, pendant que les enfants joueront dans le pré; faites-vous apôtre, servante du Christ, enseignez le Christ.

Car prenez garde, les femmes protestantes font ces choses plus que nous.

Mais enseignez la religion en femmes; dites à vos disciples ce que la propreté dans la maison peut avoir d'influence sur le bonheur. Apprenez-leur la séduction d'une nappe propre, d'une soupe bien faite, l'attrait d'un bouquet dans un pot de faïence, et le charme d'un bonnet qui sied. Faites-les bonnes, et rendez-les un peu jolies, afin que le mari prenne plaisir à s'en aller promener par les champs avec une femme si avenante et si gentiment discoureuse.

Si vous faites cela, vous vaincrez le cabaret, le journal des mauvaises doctrines, l'ivresse, le désordre; vous sauverez votre pays. A l'œuvre donc! Il faut se hâter, il est bien, bien malade.

Nous avons confessé nos fautes, publiquement, comme les pénitentes des premiers siècles; nous acceptons la pénitence : ce sera de consacrer tout ce que nous possédons, talent, richesse, vertu, charme, à régénérer ce pays. Il faudrait pour cela des associations, se voir, se connaître, s'entendre, diriger l'effort commun vers un même but. Voyez quels prodiges opèrent les associations dangereuses ! Pourquoi tant de mollesse dans le bien ?

Ah ! si ce petit misérable écrit pouvait éperonner d'énergiques résolutions, et suggérer à quelqu'une la pensée de donner une forme déterminée à cette initiative, si l'on pouvait appliquer la formule : « Tout ce que je ferai dorénavant sera pour la gloire de Dieu, l'honneur et le salut de la France !... »

Vous sentez bien, n'est-ce pas, que celle qui a écrit ces lignes sous votre inspiration pressentie, n'est qu'une femme ignorante de l'art d'écrire ; ce style heurté, cette phrase désunie, cet ouvrage sans plan, ce manque de métier, ne vous laissent aucun doute à ce sujet. Elle n'a pas pu chercher un succès, mais elle désire vivement un effet.

Puisse Dieu bénir son effort, et vous toutes le seconder, vous que le monde honore, et qui, si bravement, déclarez que vous n'êtes pas sans reproche !

Puisse au moins cet exemple servir, car tous ont péché, mais peu l'avouent. La France est humiliée, pas humble. — Pas de conversion pourtant si le *meâ culpâ* ne la précède.

Maintenant adieu, sœur chérie, pardonne-moi ! En parlant de tes fautes, je racontais les miennes. Ce sont celles qui ne paraissent qu'aux yeux illuminés par la grâce de Dieu. Pas une fois, remarque-le, je n'ai dépassé la limite où s'arrête le pays de la *femme honnête.*

Un dernier mot : nous n'avons pas parlé de notre amour pour nos petits enfants. A quoi bon ? ce n'est pas une faute, c'est à la fois un charme, une vertu, un bonheur que cette tendresse.

Mais qu'elle soit efficace, cette tendresse ! que l'extrême mollesse n'appauvrisse pas la force demandée à ceux qui sont l'unique espoir de notre avenir ! que trop de faiblesse, un dévouement trop apparent ne couvent pas l'égoïsme ! enfin tâchons de les élever pour la revanche, mais non pour la vengeance. La haine est un ferment bien âcre qui dessèche. Si nous en formons les cœurs de nos enfants, je doute qu'ils puissent s'épanouir grands et chaleureux.

Que ces enfants soient meilleurs et plus forts que ceux élevés jusqu'à cette heure ! qu'ils sachent donner à chacun ce qui lui appartient, au pauvre l'aumône, au travailleur l'aide, à la femme l'amour et l'appui, à l'expérience, à l'âge, au talent, à la vertu, l'admiration et le respect, au ciel ses droits, à tous la vérité ! *Et Dieu fera le reste.*

Cet appel ému, sorti il y a déjà plusieurs mois d'une âme débordant de douleurs pour le passé, d'angoisses pour l'avenir, n'a pas pu se faire entendre plus tôt.

Tant de justifications avaient à se produire qu'il ne se trouvait pas de place pour une accusation personnelle, dont l'accent du moment est refroidi déjà dans ces pages qui n'étaient pas assez faites pour pouvoir attendre et vieillir. Pourtant, à l'heure où une main vaillante et amie veut bien se charger de les protéger, le courage manque à l'auteur pour les jeter au feu.

Le désir de produire le bien était si grand, si poignant, qu'il se peut qu'il n'ait pas été causé par une illusion; et quand une seule personne réfléchirait plus profondément à notre situation, à notre rôle, le but serait atteint. Il faut donc que l'amour-propre se taise.

Que font bien des sarcasmes, redoutés pourtant, quand on possède une grande espérance ?

Ah oui! si nous pouvions décider une volonté vacillante à s'isoler quelques heures dans l'obscurité des catacombes, éclairée seulement par un flambeau sacré !

Si cette femme fragile et mondaine pouvait,

après avoir médité sur la tombe des martyrs, remonter au monde, au grand jour, changée, trans-
figurée, radieuse !...

Si, laissant cette apparence étrange, ridicule,
produite par des arrangements dont l'image
seule ne paraît pas vraisemblable, elle se mon-
trait tout-à-coup merveilleusement belle, mais
de cette beauté que le Seigneur a faite : le
front lisse témoignant la pensée sereine, le regard limpide réfléchissant les célestes clartés, la
bouche gracieuse et non plus tortillée par cette
affreuse grimace du perpétuel et faux sourire; la
démarche légère, noble, ferme, de quiconque
marche dans le chemin du paradis; la main tendue librement pour protéger loyalement ou pour
s'appuyer; la parole grave, musicale, le langage
plein de ceux qui ne parlent pas pour faire du
bruit.

Si cet ensemble charmant, formé de dignité, de
grâce, de douceur, de réserve, mais aussi de la
sainte hardiesse de ceux qui croient et agissent
selon leurs croyances; si ce composé élégant,
chaste, joyeux et calme qui témoigne le désir de
bien faire et l'inspire surtout, pouvait remplacer
dans une seule femme cette navrante, hideuse, *si-
miesque* figure de la femme qui veut être à la
mode !

O mon Dieu! s'il nous était donné de faire

comprendre cela, ne fût-ce qu'à une seule, quel bonheur et combien nous vous rendrions grâce !

Un génie, un poète, un *voyant*, prophète par contre, nous a donné les quelques lignes qui ont expliqué notre pensée mieux que nos molles paroles. Un autre génie, un autre poète, un autre *voyant* la complétera.

Non per fare, ma per non fare, ho perduto di veder l'alto sol. (Dante. *Purgatoire.* Chap. VII.)

N'attendons pas, ne laissons pas le temps s'écouler ! Si nous avons compris, agissons ; — l'intention peut être bonne, mais l'action seule est efficace. Nous avons un malade à guérir, ne l'oublions pas. Il est temps, bien temps, que notre *honnêteté* ne se fasse plus la complaisante des maux qui ont mis la France là où elle est.

BIBLIOTHEQUE NATIONALE
Désinfection 19 84
N° 10135

www.ingramcontent.com/pod-product-compliance
Lightning Source LLC
Chambersburg PA
CBHW051148050726
47594CB00003B/1294